U0793977

2014 中国林业信息化发展报告

Annual Report on Forestry Informatization Development in China

■《中国林业信息化发展报告》编纂委员会　编

中国林业出版社

图书在版编目（CIP）数据

中国林业信息化发展报告. 2014 / 《中国林业信息化发展报告》编纂委员会编
— 北京：中国林业出版社, 2014.8

ISBN 978-7-5038-7590-8

Ⅰ. ①中… Ⅱ. ①中… Ⅲ. ①信息技术－应用－林业－研究报告－中国－2014
Ⅳ. ①F326.2-39

中国版本图书馆CIP数据核字(2014)第163790号

出　版：中国林业出版社（100009 北京西城区德内大街刘海胡同7号）

网　址：http://lycb.forestry.gov.cn

E-mail：cfybook@163.com　　电　话：83282326

发　行：中国林业出版社

印　刷：北京华正印刷有限公司

版　次：2014年8月第1版

印　次：2014年8月第1次

开　本：787mm×1092mm 1/16

印　张：29

字　数：607千字

定　价：89.00元

《中国林业信息化发展报告2014》**编纂委员会**

主　任　赵树丛

副主任　孙扎根

委　员

李世东	邓乃平	王益民	王海洋
李永林	呼　群	奚克路	兰宏良
蔡炳华	陆月星	夏春胜	林云举
程中才	陈则生	阎钢军	燕　翔
陈传进	刘新池	邓三龙	张育文
陈秋华	关进平	吴　亚	尧斯丹
金小麒	侯新华	布　穷	李三原
石卫东	党晓勇	王文宇	来景刚
张学勤	柏广新	魏殿生	杨江勇
庞维德	黄　辉	蔡允嘉	曹友强
蒙敬杭			

Annual Report

on Forestry Informatization Development in China

《中国林业信息化发展报告2014》 编写组

组　长	李世东			
副组长	王福东			
成　员	张会华	冯峻极	顾红波	杨新民
	李淑芳	徐　前	温战强	高　崎
	祝　巍	张　翼	张洪军	秦文涛
	袁传武	谢宁波	赵　暄	乌日根
	王　辉	简　帅	封　雷	程桂霞
	白　莹	冯　戈	刘利民	孟庆雯
	胡　永	王锐强	杜红梅	王为民
	段　菁	马春林	王向军	孙宏宇
	朱剑声	吴小巧	叶永钢	陈明安
	林　宇	王青春	陆　冬	王明印
	罗　勇	胡雨生	陈　尖	张庆志
	张　斌	陈小中	李王刚	赵永平
	陈　平	薛恩东	吴克明	洛桑才让
	赵立忠	陈　旭	吴博业	赵日洪
	李洪涛	陈　震	于子君	李陆宙
	李飞峰	胡振华	曹　波	汪礼俊
	周　鹏	高晓雨	王花蕾	

前言

2013年是全面贯彻落实十八大精神的开局之年，是实施“十二五”规划承前启后的关键一年，各级林业部门按照“加快林业信息化，带动林业现代化”的总要求，坚持“融合、创新、服务、提升”的发展理念，深入实施《全国林业信息化建设纲要》《全国林业信息化“十二五”规划》，全国林业信息化建设呈现出全面提升的良好态势，为生态林业、民生林业的发展做出了重要贡献。

按照《2013年林业信息化与电子政务工作要点》的总体要求，林业信息化工作快速推进，实现重要突破。从横向看，已跻身于中央部委领先行列，中国林业网在中国政府网站绩效评估中综合排名列70多个部委第三名，再次取得新突破。从纵向看，林业信息化已从“数字化”迈入“智慧化”的新阶段，组织召开了第三届全国林业信息化工作会议，对林业信息化工作进行了再动员、再部署，印发了《关于进一步加快林业信息化发展的指导意见》和《中国智慧林业发展指导意见》，颁布了《林业数据库设计总体规范》等首批20多项行业标准，筹建了国家和省区两级云计算平台，推进了智慧林业旅游等物联网示范工程建设，建成了国家卫星林业遥感数据应用平台，等级保护顺利推进，建立了微博、微信和移动客户端，举办了首届“美丽中国”征文大赛等重点网络生态文化活动，数据量从TB级上升到PB级。

今后一个时期，全国林业信息化工作要继续深入贯彻落实党的十八大精神和国务院关于加快信息化建设的一系列决策部署，以统一思想为前提，以应用需求为导向，以融合创新为动力，以重点工程为抓手，以新一代信息技术为支撑，全力推进智慧林业建设，为全面提升生态林业民生林业发展水平，建设生态文明和美丽中国做出新贡献。力争到2015年，实现信息化与林业全面融合，为全面建成智慧林业奠定基础。到2020年，全面建成智慧林业，有力支撑林业改革发展。

自2010年起，国家林业局每年组织编纂《中国林业信息化发展报告》，至今已经连续第五年编写，获得了来自社会各界的好评，我们将一如既往秉承加快林业信息化工作的理念，为推动各地林业信息化建设提供重要的理论指导和建设参考。

编者

2014年5月

目 录

CONTENTS

地方篇

借鉴篇

评测篇

图表专栏

总论篇

Annual Report on Forestry Informatization Development in China

第一章　综合规划

2013年林业信息化进一步加强顶层设计，成功组织召开第三届全国林业信息化工作会议，对全国林业信息化工作进行了再动员、再部署。制定印发了《中国智慧林业发展指导意见》，标志着林业信息化由数字林业阶段进入智慧林业阶段，开启了智慧林业建设的新篇章，林业信息化迈入了一个新阶段。

第一节　年度综述

2013年是全面贯彻党的十八大精神的开局之年，是深入实施林业“十二五”规划承上启下的关键之年，也是全国林业信息化全面加快推进的第五年。一年来，林业信息化工作按照国家林业局“加快林业信息化，带动林业现代化”的总体思路，坚持“五个统一”和“四个服务”的工作理念，科学谋划、周密部署，扎实推进各项工作，取得了显著成绩。

一、建设进展

（一）深化顶层设计，深入动员部署。一是进行了战略部署。筹备召开了第三届全国林业信息化工作会议，孙扎根副局长在会上发表了重要讲话，对林业信息化工作进行了再动员、再部署。会议深入贯彻落实党的十八大精神和国务院关于加快推进信息化建设的一系列决策部署，按照全国林业厅局长会议要求，认真总结“十二五”以来的林业信息化工作，科学分析林业信息化工作面临的形势，进一步理清思路、明确方向，研究部署当前和今后一个时期的工作。发布了《中国智慧林业发展指导意见》，标志着林业信息化由数字林业步入智慧林业发展新阶段，是林业信息化建设的又一个里程碑。二是发布了战略文件。印发了《国家林业局关于进一步加快林业信息化发展的指导意见》，这是林业系统贯彻党的十八大关于推进新型工业化、信息化、城镇化、农业现代化同步发展要求的重要举措，是落实《国务院关于促进信息消费扩大内需的若干意见》的重要行动，是指导全国林业信息化建设的重大政策性文件。三是完成了战略规划。集中力量组织编制印发了《中国智慧林业发展指导意见》，系统诠释了智慧林业的内涵意义、基本思路、目标任务和推进策略。智慧林业将在数字林业的基础上，全面应用云计算、物联网、移动互联、大数据等新一代信息技术，使林业实现智慧感知、智慧管理、智慧服务。通过智慧林业建设，形成信息基础条件国际领先、生态管理与民生服务质量明显提高、林业产业结构与创新能力优化发展的模式，重塑林业系统管理机制，实现林业现代化发展目标。组织编制了《中国林业云行动计划》《中国林业物联网行动计划》。

（二）加快项目建设，拓展服务内容。一是推动支撑林业核心业务的“金林工程”。按照国家林业局的统一部署和国家发展改革委的总体安排，积极落实国家“十二五”重大信息化工程规划，扎实推进生态环境保护信息化相关工作。制定了“金林工程”项目工作方案，成立了“金林工程”建设领导小组和办公室，组织召开了“金林工程”工作会，建立了与相关司局、直属单位协调沟通机制，扎实推进需求分析报告的编制工作。通过信息化龙头项目“金林工程”，建设以维护国家生态安全、充分发挥林业生态主体功能为宗旨，以林业基础资源信息整合和建库为核心，形成覆盖林业主体业务、贯穿上下的政务信息化体系和规范、科学的网络化林业资源管理流程，全面提高林业支撑国家宏观决策、协同其他业务部门、服务社会和林农的基本能力。二是推进国家卫星林业遥感数据应用平台建设项目。完成了国家卫星林业遥感数据应用平台建设项目建设、测试和上线工作，为项目终验做好了各项准备，联通了与资源卫星中心的线路，完成了数据接入。国家卫星林业遥感数据应用平台的建成，把国产卫星遥感信息资源批量化引入国家林业遥感监测业务运行体系，提供对林业资源的综合监测所需的各类遥感信息源及数据应用服务，为林业各监测体系监测成果的综合应用提供强有力的技术支撑。三是实施国家林业局内外网安全等级保护建设项目。完成了重要信息系统等级保护建设，安全等级保护系统定级及差距分析，系统安全等级保护测评，安全保障体系框架设计，建立了适用于信息安全要求的运维体系和应急保障体系。完成国家林业局云计算平台建设项目初步设计方案编制和上报工作。四是推进“林业生态建设与保护北斗示范应用系统”建设工作。组织召开了建设工作会，研究讨论了北斗应用示范省建设方案，完成了林业生态建设与保护北斗示范应用系统实施方案编制工作。五是做好全国集体林权制度改革（林改）数据库项目的相关工作。召开全国林改综合数据库建设方案专家研讨会，就全国林改数据库建设的必要性、建设内容、发展方向等展开讨论，为下一步项目建设打下基础。六是积极推进智能林业物联网应用示范工程。按照国家发展改革委、国家标准委员会的要求，积极参加相关工作会议，及时提交了工作进展报告和工作计划。指导吉林森工集团、中国电信集团、江西井冈山国家级自然保护区等单位，深入推进物联网应用示范工程的实施，获得了国家发展改革委的好评。

（三）优化网站质量，提升应用水平。中国林业网进一步推进政务信息公开，加强民生服务，拓宽服务渠道，提升在线办事水平，各项工作取得重大进展，互联网影响力日益提高。在2013年11月28日召开的第十二届中国政府网站绩效评估结果发布会上，中国林业网（国家林业局政府网）综合排名列70多个部委网站第三名，首次跻身前三甲。在2011年首次进入部委网站前10名、2012年首次进入部委网站前5名的基础上，再次取得历史性突破。一是加强网站建设。对中国林业网进行改版升级，推出了中国林业网2013版，完成了中国林业网首页导航栏目重新设计，新建页面更加整洁方便，有利于公众对相关网站进行访问。开展了为期一年的网站可见性优化，提高了中国林业网在各大搜索引擎的收录量和可见性，方便了公众获取林业信息、办理林业相关事项、参与林业改革发展，大大提高了中国林业网的收录量和网站影响力。网站来源搜索关键词数量增长3000多个，搜索来源用户流量提升1300多人次，信息搜索引擎收录提高15万多条，中国林业网资源被百度收录量达到62.8万条，高于部委平均水平24.3万条。建设了中国林业网智能移动客户端。整合梳理1000多条林业相关政策法规和林业技术知识，建设了林业智能服务平台。开展自动化的咨询互动服务，利用即时咨询系统，与用户开展在线实时交流，同时还提供语音播报、网站向导、接入微博、微信和热线咨询等多种交流途径，为用户解答与林业相关政策法规、办事指南、实用知识等问题。二是扩大站群规模。扩大森林公园、国有林场、种苗基地、自然保护区等网站群建设，目前上线1000多个。完成了主要树种、珍稀动物、国外林业国家网站群建设工作，普及推广了林业知识，扩大了服务范围，提高了中国林业网的影响力。启动建设了中国花卉网站群建设。积极开展市、县林业网站群建设工作，举办了全国市县级林业网站群建设培训班，完成了各省级林业信息中心技术人员和80余个市、县林业局信息员的集中培训，目前正在建设中。三是加强基础建设。围绕建设生态林业民生林业的要求，按照国家和地方两大体系整合了37项林业行政审批事项，整合新增了80多项便民服务资源。积极开展网上办事，实行网上受理、网下办理和审批结果网上查询。开设了公众留言、征求意见、在线调查、局长信箱等栏目，同时，组织有关领导和专家进行林业政策解读、技术解答，使林业大政方针和相关知识深入人心。调整搜索引擎分词器，增加特色搜索，将运输证真伪系统、林业专家数据库、林木良种基地等在网站搜索页面优先显示，方便公众查询相关信息，实现回车直接搜索。完善中国林业数据库，在整合已有资源的基础上，购买中国林业统计信息库等6个数据库，并与林业遥感数据库、国家自然资源和地理空间基础信息库链接。扩大数字图书馆规模，形成内外网分别部署的格局，为林业系统各单位提供文献信息服务。扩建网络博览会和网络博物馆，对部分功能进行升级、增加数据内容。四是进一步做好网站内容保障，积极推进全国林业信息化发展水平评测和全国林业网站绩效评估工作，形成常态化、制度化。全年中国林业网（不包括子站）共采编文字信息31204条，发布视频信息202个，在线访谈35个，图片信息5816条。大大增强了中国林业网的互联网影响力，网站访问量突破12亿人次。国家林业局内网共编发信息7812条，加载视频信息85部，电子图书馆、电子阅览室、电子大讲堂共加载数据189989条，大大丰富了内网的信息内容，增加了内网的访问量，网站访问量突破200万人次。五是优化升级办公自动化系统。继续优化升级办公自动化系统，完成了林业综合办公系统群建设，完成个性化电子签名的试点工作，进一步提升了办公自动化建设应用管理水平。综合办公系统共进行了501111次操作，35997项文件的办理。全年共进行了600多次上门服务，3000多次电话支持，保障了12个司局、25个直属单位、1700多个用户的正常使用。六是开展网络文化建设。为弘扬生态文化，倡导生态文明，给广大公众提供一个参与美丽中国的平台，中国林业网分别于2013年1月和4月启动了首届“美丽中国”征文大赛和第二届全国生态作品大赛。大赛共收到作品近3000幅，评选出优秀作品200幅，展示了美丽世界，营造了热爱自然、保护自然的文化氛围，为广大公众打造了弘扬生态文化的网络平台，成为创建生态文化的重要基地。

（四）加强运维管理，保障信息安全。一是建立制度保障。为贯彻落实国务院《关于大力推进信息化发展和切实保障信息安全的若干意见》，进一步增强林业行业各单位网络与信息安全保障能力，编制印发了《国家林业局关于全面加强林业信息安全工作的通知》，从统一工作思路、建立保障体系、标准规范、制度体系及监督检查等8个方面提出了指导性意见，为确保林业行业信息系统安全稳定高效运行提供了政策保障，使行业信息安全工作再上新台阶。二是完成信息安全检查。为切实加强和保障网络信息安全，2013年 6～10月就信息安全管理、技术防护、应急、安全教育培训等方面进行了为期4个月的信息安全检查工作，从源头和关键环节查漏补缺，防范信息安全方面存在的各种问题，并及时进行了整改，向工信部报送了检查结果和总结。开展了以重要信息系统定级备案、安全测评、安全建设、政府网站安全责任落实情况、国外信息技术产品和服务的使用情况等方面的网络与信息安全检查，通过检查提高了国家林业局重要信息系统和政府网站的安全防护能力。三是着力开展运维精细化管理。对所有与运维服务相关的工作进行了细化梳理，优化工作流程，提高规范化水平，建立了运维准入和考核制度。进一步明确了岗位职责、工作范围及其操作实施流程，提高了运维保障能力。加强国家林业中心机房安全管理及维护，为中国林业网、国家林业局综合办公网、林业专网的正常运行提供坚实保障。四是提高信息安全保障能力。购置了信息安全消除工具软件，有效防止了硬盘存留信息外泄隐患。对信息安全管理部门提出的安全隐患等问题采取了有效措施，组织相关人员进行处理，并及时将处理结果进行汇报，加大安全监控、漏洞扫描的监督和检查力度。以等级保护项目建设为契机，加强了信息安全运维队伍建设。为新建网站群部署了网页防篡改软件，提高了网站防护能力。完成了邮件网关管理系统升级工作，增强了垃圾邮件隔离能力，改善了邮箱使用环境。五是筹建林业软件评测机构。引导新建信息系统加强信息安全、等级保护管理，倡导安全运维体系建立，建立稳定一致的行业测评体系。六是积极推进正版化工作。根据《国务院办公厅关于印发政府机关使用正版软件管理办法的通知》，制订了《国家林业局使用正版软件管理办法》。

（五）推进标准建设，深化培训交流。一是首批林业信息化行业标准正式颁布。2013年11月，国家林业局正式颁布了《林业数据库设计总体规范》等23项林业信息化行业标准。这些标准是规范林业信息化建设秩序、提高林业信息化建设成效、促进全国互联互通和信息共享的重要技术性文件，必将促进新时期林业信息化整体协调发展。二是积极申报新标准立项。组织标委会委员及有关专家，讨论完善林业信息化标准项目储备库，广泛征求各级林业主管部门及专家的意见，按照急用优先的原则，向科技司申报了2014年度16项行业标准编制项目和一项软课题研究项目。国标委已批复6项林业物联网国家标准的立项。三是积极开展林业信息化培训。举办了一期林业信息化标准和GIS应用培训班，培训人员40多人。举办多次专题培训，对各省自行举办的林业信息化培训，进行了力所能及的指导和帮助。四是推动了战略合作。不断强化合作意识，积极借助外部优势力量，不断形成推进林业信息化的强大合力。联合中国绿色碳汇基金会等单位，共同运营好“中国植树网”，配合碳汇基金会召开了第三届“绿化祖国·低碳行动”植树节启动会。利用微博平台，与中央电视台、新华网、人民网、新浪网、腾讯网等单位进一步深化合作，在5大媒体网站开通了“林海微报”微博，建立了中国林业微博发布厅，微博影响力正不断扩大。在腾讯网开通了“中国林业网”微信，利用新媒体拓展了信息发布渠道，促进了交流合作。

（六）加强综合管理，营造良好氛围。加强制度建设，修改完善了信息办内部管理制度，坚持每月定期例会制度，及时总结上月的工作，安排部署下月的工作计划，规范机关运作程序，提高工作效率和工作质量。建设信息办工作综合管理平台，进一步完善规范工作流，提高管理水平，提升工作效率。深入推进信息办文化建设，办好《林业信息化》《今日网情》。出版了《中国林业信息化发展报告2013》《信息革命与生态文明》《信息改变林业佳作100篇》等，“全国林业一张图”等入选首部《中国电子政务年鉴》典型案例。启动全国林业信息化示范省验收检查工作，完成25个全国林业信息化示范市、50 个示范县实施方案的审核工作。组织召开了“第二届全国林业信息办主任协作组会暨全国林业信息化示范建设交流会”，统一了思想、部署了工作，推进了全国林业信息化发展。

二、发展展望

根据党的十八大、十八届三中全会、全国林业厅局长会议精神，结合当前工作实际，2014年林业信息化工作的基本思路是，以邓小平理论、“三个代表”重要思想、科学发展观为指导，深入贯彻落实党的十八大、十八届三中全会精神和国务院关于加快信息化建设的一系列决策部署，以应用需求为导向，以融合创新为动力，以重点工程为抓手，以新一